Mario Delpini
Arcivescovo di Mila

PIAZZA PARADISO

VIVERE LA TERRA COME UNA PROMESSA

Lettera ai ragazzi della cresima

CENTRO AMBROSIANO

Progetto grafico di Irene Sala

Via Antonio da Recanate, 1 – 20124 Milano
Tel. 02 671316.1
E-mail: libri@chiesadimilano.it
www.itl-libri.com

ISBN 978-88-6894-602-9

IL SIGNORE ALTISSIMO CONTINUA A PENSARE COME RENDERE PIÙ BELLA LA VITA E ABITABILE LA TERRA.

Dopo una riunione del Gran Consiglio, ha deciso di costruire in ogni città e paese **"Piazza Paradiso"**: è un progetto affascinante e pieno di promesse. È un'avventura del tutto nuova: chi potrà immaginare Piazza Paradiso? Chi riuscirà a realizzarla?

Il Signore Altissimo e il Gran Consiglio hanno pensato di inviare lo Spirito Santo in ogni parte della Terra a cercare ragazzi e ragazze capaci di offrire idee e prototipi.

A loro, a quelli che hanno ricevuto lo Spirito di Dio e tutti i suoi doni, sarà affidato di presentare una proposta e portare a termine l'impresa. Avete capito bene: avranno anche la possibilità di realizzarla, per potenza di Spirito Santo. Vediamo insieme che cosa succede...

PER PRIMA SI PRESENTA IRENE.

È una ragazzina pacifica, non ha paura di nessuno. Espone la sua idea senza vergogna anche di fronte al Signore Altissimo e al Gran Consiglio.

«In primo luogo, io metterei delle panchine in Piazza Paradiso. Panchine colorate e belle da vedere, panchine comode e invitanti per sedersi.**

Panchine per i nonni che si possono accomodare e, mentre osservano i nipotini che giocano o i cagnolini che passano al guinzaglio, si confidano e fanno delle belle chiacchierate, diventando amici e amiche. Se anche qualche volta discutono animatamente perché hanno idee diverse sulla politica o sulle famiglie di oggi o sulla Chiesa, il giorno dopo si ritrovano ancora e chiacchierano volentieri. Diventano amici: non fotocopie!

Soprattutto bisogna mettere panchine normali, per gente normale, per invitare papà e mamma a sedersi vicini, come quando erano fidanzati, e a parlarsi con parole buone e belle. Papà e mamma non hanno mai tempo per parlare con calma e continuare a scoprire quanto sono intelligenti, quanto sono buoni, quanto sono interessanti.

La panchina delle confidenze può essere anche la panchina del perdono, della riconciliazione, del ritrovato amore.

La panchina delle confidenze è anche la panchina della commozione: ci si stringe la mano e ci si fa coraggio. Le preoccupazioni per quello che combinerà mio fratello o per la salute della nonna diventano più facili da affrontare, se papà e mamma si stringono la mano.

Sarebbe necessario mettere anche panchine un po' magiche: quelle che quando ti siedi vicino a qualcuno ti fanno sentire ancora più vicino, come l'amicizia più bella; quelle che quando sei un po' giù ti accolgono, ti ascoltano e ti danno una pacca sulla spalla per dirti: "Avanti, avanti: ce la puoi fare!"; quelle che quando si siedono due innamorati riescono a trasformare le parole in promesse, i sogni in propositi, la gioia di un momento nel cammino che dura un vita.

Ecco, io metto panchine in Paradiso!

«Bene», dice il Signore Altissimo, «al lavoro! Cara Irene, con tutti i tuoi amici e le tue amiche costruite le panchine adatte. Fate in modo che le nonnine che sono rimaste sole si sentano sollecitate a trovarsi insieme.
Invitate il papà e la mamma a venire a vedere le panchine, inventate un gioco, lasciateli soli, dite una preghiera, scrivete un pensiero. Insomma, chiedete come regalo per la cresima che trovino tempo per sedersi sulla panchina dell'amore che resta giovane sempre.

E costruite anche panchine magiche: **offrite occasioni perché nessuno si senta solo, infelice o inutile;** offrite occasioni per dimostrare a coloro che si amano che è bello sposarsi, avere bambini come voi e volersi bene per sempre.
Al lavoro, Irene: con i tuoi amici e le tue amiche, costruite panchine per Piazza Paradiso!»

SI PRESENTA GIORGIO.

Giorgio è alto, più di quanto ci si aspetti per un ragazzo della sua età. È un amico della Terra e ha fatto di tutto per avere il suo piccolo orticello e la sua piantina di albicocche. Ha imparato molto dal nonno: a piantare i pomodori, a cogliere le zucchine al momento giusto, a togliere gli insetti nocivi dall'alberello, ad aspettare i frutti incoraggiandoli a maturare.

«Ma le panchine devono essere all'ombra. Bisogna far crescere un bel tappeto verde e piantare gli alberi giusti. Mio nonno conosce un giardiniere che dà ottimi consigli.

Perciò io propongo di piantare alberi amici, per fare ombra quando il sole scotta e per raccontare storie misteriose quando la brezza scherza tra i rami. Propongo di piantare presso le panchine dei nonni e degli innamorati alberi profumati per sorprendere con aromi delicati. Propongo di piantare anche alberi facili, con frutti dolci, **per fare ombra e per rendere meno amara la tristezza e meno deprimente la solitudine.**»

«Bene», dice il Signore Altissimo, «al lavoro!» E Giorgio non se lo fa dire due volte: subito s'ingegna a consultare il nonno e il suo amico giardiniere. È necessario informarsi bene: quali alberi sono adatti a fare ombra senza oscurare il sole? Quali regalano profumi e raccontano storie misteriose? Quali offrono frutti dolci e regalano sorrisi? E qual è il momento per metterli a dimora? Quali attenzioni richiedono per crescere sani e dritti?

Giorgio ha pensato: forse un ciliegio? Due kiwi? Un platano maestoso?
Ecco, come si fa a curare un angolo di giardino in Piazza Paradiso?

Giorgio scopre d'avere molti alleati nell'impresa perché sono tanti i ragazzi e le ragazze che amano gli alberi, li conoscono, se ne curano e ne ascoltano le storie.

SI FA AVANTI SOFIA.

È una ragazza giudiziosa. Ama ridere e scherzare. Ma non si annoia se qualche volta se ne sta sola: legge libri, si racconta delle storie, dice le preghiere.

In Piazza Paradiso, io propongo ci sia una porta per entrare in una "casa del silenzio".

Nella mia città c'è troppo rumore. Nella mia casa c'è troppo rumore. Gente che parla di continuo, che grida, macchine che riempiono le strade, gente che urla in televisione... insomma, io penso che certi giorni la gente senta le orecchie stanche e la testa pesante per il troppo rumore e la continua agitazione.

In Piazza Paradiso ci deve essere una porta per entrare in una casa in cui ci si possa sedere e stare lì, in silenzio. Lo sguardo si riposa sul volto bellissimo di una statua di Maria, la madre di Gesù, e sulle fiammelle delle candele che ardono piano piano e talvolta sembrano scambiarsi confidenze.

Una casa dove si possa entrare senza chiedere permesso al portinaio o al custode; una casa con le porte aperte. Una casa per pregare e parlare con te, Signore

Altissimo, con le parole che tuo Figlio ci ha insegnato. La casa del silenzio è una casa dove la gente è convocata per pregare, per cantare e per fare silenzio.
Anche in casa mia posso stare in silenzio. Provo qualche volta, ma quanto dura? Pochi secondi e poi subito qualche cosa mi distrae. Nella casa del silenzio, credo che sarà più facile, soprattutto se si entra da Piazza Paradiso.»

«Ottima idea», dice il Signore Altissimo. «Ottima idea! Al lavoro, Sofia!»

Non è un'impresa facile, per Sofia, costruire la casa del silenzio e non sarà semplice convincere a entrare gli abitanti della città abituati al rumore. Ecco che cosa ha pensato Sofia.
L'ingresso deve essere un invito, una porta che si distingue da tutte le altre. Come si entra nella preghiera? Ci vorrebbero quegli antichi portali su cui sono scolpiti volti di sante e santi che sorridono e invitano, e dicono: «Vieni a pregare con noi! Il mistero tre volte santo è un abbraccio che ti attende. **Non è necessario essere già santi. Non c'è nessuna tassa da pagare, non c'è nessun permesso da chiedere. C'è un abbraccio che ti attende».**

Poi ci deve essere un segno che attira lo sguardo. Una dichiarazione d'amore come il crocifisso, una promessa di pace, come una piccola luce accesa.

E chi entra troverà un luogo per stare tranquillo, in silenzio, come un bambino in braccio a sua madre, confortato e benedetto: contano così poco le parole! È così necessario sentirsi amati!

ECCO LA PROPOSTA DI GIOVANNI.

Anche lui si presenta al Signore Altissimo. Non è abituato a fare discorsi, anzi, di fronte a personaggi importanti resta imbarazzato e qualche volta si impappina. È piuttosto un ragazzo pratico: sa fare le cose, ama mettere le mani in pasta, come si dice. Infatti, è figlio del panettiere.

Ha un'idea chiara e una proposta precisa, anche se si esprime in modo un po' goffo.

«Ecco... io, però, a me sembra... non so bene, mi scusi, ma insomma io credo che in Piazza Paradiso non possa mancare un negozio di panettiere e di pasticcere.
Il profumo di pane fresco e brioche appena sfornate dà al mattino il gusto di vivere.
Il malumore rende grigia la vita: andare a lavorare, andare a scuola, andare all'ospedale, andare ad aiutare i poveri. Tutto sembra un dovere pesante, una noia e una fatica.
Invece la vita è profumata, è croccante, è saporita come pane fresco. Ecco, Altissimo Signore: io vorrei un forno per il pane fresco in Piazza Paradiso.»

«Bravo, Giovanni! Io amo il pane: è il segno in cui si incontrano il frutto della terra e dell'abilità delle mani degli uomini. È il segno scelto da Gesù, per dire la vita che si fa dono, per dire l'alimento che nutre, non solo nel deserto come la manna, ma per la vita eterna, il pane della vita. Bravo, Giovanni! All'opera!»

Giovanni non è molto bravo a fare discorsi, ma con le mani è un vero genio. Perciò studia nel dettaglio il negozio del panettiere da mettere su un lato di Piazza Paradiso: l'insegna che sembra la copia di quella antica del negozio del nonno, gli scaffali per disporre i pani di tutte le forme e di tutte le farine, e anche le lavagnette per scrivere ogni giorno una poesia, una frase di sapienza memorabile, una filastrocca per bambini. **Tutto e sempre per dare il gusto del pane.**

ARRIVA LA PROPOSTA DI LETIZIA.

«Una fontana! Non può mancare una fontana al centro della piazza.
Una fontana per l'acqua che canta, che zampilla, che sorprende i bambini. Come si divertono i bambini quando possono mettere le mani nell'acqua fresca e fare le onde e spruzzare in faccia gli amici e il cagnolino che si affaccia curioso. Non può mancare una fontana con l'acqua pulita, che scorre, che si può toccare per rinfrescarsi.

Non si deve sprecare l'acqua, ma si deve mettere una fontana per tenere vivo lo stupore della generosità della terra. Per ricordare che l'acqua è dono di Dio, come l'acqua del deserto per il popolo assetato, come l'acqua del pozzo per la donna di Samaria, come l'acqua che sgorga dalla ferita del fianco di Gesù.

Quante cose insegna l'acqua che non si stanca di uscire dalla sorgente!
Perciò, in Piazza Paradiso, non può mancare una fontana.»

Letizia è stata contenta di vedere che, mentre parlava, il Signore Altissimo ha sorriso incoraggiante.

«Sì, Letizia! Sono d'accordo! Non può mancare una sorgente d'acqua che zampilla per la vita eterna. E la tua fontana ne sia il segno in Piazza Paradiso. Al lavoro, Letizia!»
Ecco che cosa ha immaginato Letizia: una vasca di pietra antica, grezza, semplice e una colonnina di pietra da cui un piccolo flusso d'acqua modesto ma inarrestabile rinnova ogni giorno l'acqua della vasca che poi scola discreta nel praticello che resta sempre verde, estate e inverno.

E i bambini possono giocare senza pericolo e i passerotti dissetarsi a ogni ora, e l'acqua può cantare la sua canzone e **raccontare del lungo cammino nel cuore della terra** per restare sempre fresca, sempre limpida, sempre dissetante.

LA PROPOSTA DI DONATA.

E dove si va a fare la spesa? In Piazza Paradiso ci sarà un mercato speciale fatto di scaffali e di botteghe, di cose buone e cose belle. Nel mercato ci saranno le verdure italiane e il peperoncino messicano, il riso e i gamberi, i datteri dell'Arabia e il pistacchio del Libano, insomma le specialità di tutti i Paesi perché tutti possano gustare il sapore della loro terra anche quando mangiano tra noi.

Ma che cosa ha di speciale il mercato di Piazza Paradiso?

È un mercato in cui si può comprare ma si può anche regalare, e alcuni metteranno quello che in casa è di troppo e altri prenderanno quello che in casa manca.

E ci sarà una tessera che si scarica quando prendi e si ricarica quando dai. Insomma, un mercato della solidarietà.

Il Signore Altissimo sorride: «Cara Donata, la tua idea mi sembra un po' complicata. Neppure io capisco bene come funziona il mercato che hai in mente. Quando è stato creato il giardino in Eden tutto era dono, tutto era per tutti e sarebbe bastato. Ma poi le cose si sono complicate. Ci sono quelli che hanno troppo

e quelli che hanno troppo poco. Non posso sopportare l'ingiustizia! Ma come possiamo fare?
Cara Donata, devi perfezionare la tua idea: prova a consultare i tuoi amici e gli esperti. Forse ne verrà una soluzione geniale. Coraggio, Donata! È urgente aggiustare il mondo!».

A quali conclusioni Donata sia arrivata, io ancora non lo so. Ma forse è tempo di **costruire il mercato della solidarietà** in Piazza Paradiso.

LA PROPOSTA DI ANDREA.

Le regole contrastano i capricci. Qualcuno preferisce i capricci, ma i capricci fanno male a tutti. Ci sono quelli maleducati: fanno rumore nella casa del silenzio, buttano la carta nella fontana della piazza, incidono i loro nomi rovinando la corteccia dei faggi. Piazza Paradiso non può conservare la sua bellezza e il suo ordine se non ci sono regole. Perciò Andrea propone di mettere cartelli per indicare quello che si può fare, quello che si deve fare e quello che non si può e non si deve fare.

Quali saranno i cartelli adatti per Piazza Paradiso? Andrea non pensa ai banali cartelli stradali rotondi per dire divieti, come il "divieto di accesso", o quelli triangolari con il bordo rosso per raccomandare attenzione e mettere in guardia da pericoli.

In Piazza Paradiso, propone Andrea, stanno bene cartelli che parlano, che sgridano chi trasgredisce le regole, che incoraggiano a fare le cose giuste.

Andrea vorrebbe mettere un cartello che dica: «Qui è obbligatorio regalare sorrisi». E un altro che dica: «Qui è proibito calpestare i sogni». E, all'ingresso della casa del silenzio, Andrea vorrebbe mettere un cartello che suggerisca: «Qui si entra per pregare; di qui si esce per amare».

E anche un semaforo che diventi, come tutti i semafori, prima rosso, poi verde, poi giallo, ma poi, d'improvviso tutto azzurro per dire: «Adesso è ora di guardare il cielo!».

Il Signore Altissimo trova ingegnosa la proposta di Andrea e ha quasi voglia di suggerire un concorso: «Bene, Andrea, ottima idea. Forse potresti proporre un concorso tra tutti i costruttori di Piazza Paradiso. Ciascuno potrebbe suggerire i cartelli che possono essere adatti per la piazza e tu potresti premiare i migliori. Che ne dici?».

Andrea ha proposto il concorso e la fantasia degli amici si sarà certamente scatenata, con una nuova produzione di cartelli stradali un po' magici e un po' divertenti.

Un unico obiettivo: rendere piacevole, tranquillo, stimolante andare in Piazza Paradiso.

CARISSIMI
RAGAZZI E RAGAZZE
DELLA CRESIMA,

il dono dello Spirito vi rende capaci di **mettere a frutto le vostre doti per costruire nel vostro paese e nel vostro quartiere Piazza Paradiso.** Richiede impegno e fantasia, gusto di lavorare insieme e prontezza nell'apprezzare le idee e il contributo di tutti. Ognuno può fare il suo pezzetto, ma niente deve essere fatto a caso.

Quando il progetto sarà pronto, dovrete costruire un modellino per far capire alla gente come si vuole vivere insieme, creare un luogo per incontrarsi, per dare alla città e al paese un volto amico, aggiustare le cose storte e rotte.

Forse il sindaco avrà delle obiezioni: «Piazza Paradiso? Ma le nostre piazze hanno i nomi di personaggi illustri che hanno compiuto grandi imprese, oppure i nomi di città famose, o i nomi di ideali importanti. È vero che i personaggi illustri forse non sono tanto illustri, è vero che i nomi di città non sono interessanti, è vero che gli ideali importanti sono invecchiati, ma non si può cambiare il nome delle piazze!».

Allora voi dovrete avere pazienza con il sindaco, il consiglio comunale e tutti quelli che stentano a capire.

«Per costruire Piazza Paradiso non si devono abbattere alberi, demolire case, spostare monumenti. Si deve invece **sognare un modo di vivere insieme che sia una promessa di paradiso:** ogni incontro diventi un'amicizia, ogni parola un messaggio di fiducia, ogni difficoltà una convocazione a cercare insieme la soluzione, ogni attività un servizio. Signor sindaco, non si preoccupi: costruiremo Piazza Paradiso proprio qui dove abitiamo e faremo in modo che sia più desiderabile abitare questa Terra.»

Finito di stampare nel mese di novembre 2022
presso BONIARDI GRAFICHE – MILANO